AF191332

Gedichte und Aphorismen

Wenn man schon ein paar Jährchen geraucht hat, fällt einem das Atmen mit der Zeit schwerer und seltener werden die befreienden guten Atemzüge, die einen beruhigend aufatmen lassen.
Ähnlich ist es mit guten Gedichten.
Wenn du sie liest, die Gedichte, die dein Herz entzweibrechen, dich berauschen wie guter Stoff, kannst du endlich einmal aufatmen.

Ich bin auf der Suche. Tag und Nacht suche ich nach Worten. Gedichte. Was gibt es schöneres als Gedichte? Schöne Frauen sind einmalig, jedoch vergänglich. Gedichte hingegen leben ewig.
Hör niemals auf zu suchen.
Lass dich finden.
Meine Schönheit.

In Liebe

Jan F.

Die Erlösung der Agonie

Gedichte und Aphorismen

Jan Frederking

Bibliografische Information der Deutschen Nationalbibliothek: Die Deutsche Nationalbibliothek verzeichnet diese Publikation in der Deutschen Nationalbibliografie; detaillierte bibliografische Daten sind im Internet über dnb.dnb.de abrufbar.

© 2022, Jan Frederking
Herstellung und Verlag:
BoD – Books on Demand, Norderstedt

1.Auflage 2023
2.Auflage 2023
ISBN: 978-3-75-780159-5

Inhalt

11 Lyrische Flatulenzen

12 Ferne Tage, ferne Nächte

13 Kollision

14 Om

15 Bekannter Stich

16 Atemnot

17 Keine Antwort

18 Geschmeidig

19 Guillotine

20 Grauenhaft

21 Aphorismen I

22 Ciao

23 Titellos I

24 Suche nach Worten

25 Ich fühle mich wohl

26 Warten

28 Aphorismen II

29 Blau zu Grün

30 Zweifel

31 Mais je ne suis qu'un plaisantin

32 Budd Dwyer

33 Klarsicht

34 Smalltalk

35 Es gibt zu viele Fragen

36 Fetischisten sind auch Menschen

38 Denise

39 Kälteschauer

40 Animus

41 Titellos II

42 Leitfaden

43 Schlangengrube

44 Toxische Differenzen

46 Routine

47 Kreaturen

48 думаю о тебе

49 Aphorismen III

52 Kaum exaltiert

53 Geisterfahrer

54 Was wollen Sie mir sagen?

55 Der apathische Angler

57 Unwillkürliche Zeiten

58 Kinderaugen

59 Eisige Kälte

60 Eskapismus ist ein Muss

62 Angst

63 A little cat in this big world

64 Dachziegel

66 Ein falsches Spiel

67 Mein hinterlistiger Anker

68 Überdruss

70 Du

71 Ich & meine Sinne

72 Der einsame Flaneur

73   Aphorismen IV

74   Haiku

75   Kurz Zigaretten holen

76   Das Armband

77   Moos

78   Badezimmerromantik

80   Höllentrip

82   Nachwort

Ich widme dieses Buch allen Träumern, allen verlorenen Seelen und jedem der bereit ist, bewusst zu atmen. Lebe jeden verfickten Moment und gib (dich) nicht auf. Ein Leben - mehr nicht.
Und vergiss nicht:

Verschwende keine Worte

Lyrische Flatulenzen

Geschwind mit höllischem Tritte
Die Trübsal lässt grüßen
Während ich ins leere Glas blicke
Die Welt liegt mir zu Füßen
Labilitätsprinzip wie ich es ernannte
Kein Wein mehr im Munde
Als ich die Wahrheit erkannte
Ich bin nichts als ein zahlender Kunde
Der seinen dürftigen Schmerz ertränkt
Mit dreckigen Münzen erkaufen
Einst in die falsche Bahn gelenkt
Scheint als hätte ich mich wieder verlaufen

Ferne Tage, ferne Nächte

In einer stillen Nacht wie dieser
denke ich zurück an Silhouetten
                        im Mondesschein
wie verlorene sinnliche Lieder
diebische Blicke von Geliebten
                        im Altersheim

als deine purpurroten Lippen
die meinen berührten
als deine zarten weichen Lippen
mein Herzstück verführten

In einer stillen Nacht wie dieser
will ich zurück zu jener Zeit
                        mit dir
ein letztes Mal wieder
ein ewiger Blick in dein Antlitz
                        jetzt hier

auch auf die Gefahr hin
mich zu wiederholen
ich möcht zurück in ferne Tage
was die Zeit hat mir gestohlen

ich wage nicht zu zweifeln
dort wo du weilst geht es dir gut
in Gedanken an ferne Nächte
schleif ich zurück mein Wagemut

Kollision

grell war es am Schluss
und still wie auf'm Land
fühlt sich an wie'n letzter Kuss
reich mir bitte deine sanfte Hand

wenn ich geh dann nicht allein
ich nehm' mein Schicksal an
verspreche dir auch nicht zu wein'
wenn ich gehe dann als Mann

es war schön auf dieser Welt
bitte weine nicht um mich
bist mein Retter und mein Held
ich vergess' dich nicht - mein Licht

Om

Es nachtet schon in wenigen Stunden
Die Wollust in mir bebt
Hab dich verloren, nun gefunden
All jenes was in mir stets schlägt

Und in der Nachte wird's mir klar
Alles nur ein Trugbild war
Nur Fantasien, nur Träumereien
Drum hoff ich kannst du mir verzeihen

Ich Schuft, ich Narr, so wunderbar
Es zittert, bebt, sogar gelebt
Seit Anbeginn bist du mir nah
Der Grund, sich diese Erde dreht

Bekannter Stich

Spitze Stilette, die sich
            in mein Herz bohren
    ein bekannter Schmerz
wie das Loch in meinem Bauch
        der ständige Hunger
nach mehr
            Nichts ist niemals genug
und alles Leid kann kommen und gehen
bleiben und verweilen
                        Egal
        ich bleibe hier
lass mich nicht unterkriegen
        hab mich zu lang daran gewöhnt
das rote Blut   klebt lange
        blättert trocken ab
                        vom spitzen Stilett

Atemnot

Ich sehe hastige Blicke
Ich trete hastige Schritte
Ich steh allein in der Mitte
Und spüre hastige Schnitte

Dieser Schmerz im Gerippe
Ich vergaß deine Tritte
Nur ein Kuss auf die Lippe
Während ich dich ficke

Du dämliche Zicke
Verneine wenn ich nicke
Und drehe mir ne Kippe
Ich krieg erneut keine Luft

Keine Antwort

Ich schaue seit Stunden ins Licht
frage mich warum sich alles dreht
unser aller Dasein ist ein Gedicht
egal welchen Weg man auch geht
Da sind Tragödien und Wunder
Liebe kommt und Liebe geht
die Erde plustert sich auf und wird runder
ein Sturm zieht auf, der Wind weht
Manchmal kommt's mir vor wie ein Traum
oder ein Märchen, wie eine Saga
hinter den Sternen steht ein Zaun
alle toten Seelen gesammelt in einem Lager
Vielleicht gibt es einen Gott, vielleicht nicht
die große Schöpfung, der große Plan
in der Tat ein Liebesgedicht
da leidet jemand wohl unter Größenwahn
Und zum Schluss muss ich gestehen
es kommt mir vor wie eine Lüge
will's nicht wahrhaben, nicht sehen
du machst verdammt gute Züge
Wie beim Schach, es wär gelacht
Wer hat sich dieses Spiel erdacht
Wer hat in diesem Leben Macht
Schon wieder bin ich aufgewacht

und bin immer noch blind

Geschmeidig

wie die Wellen mit den Felsen
tanzen
wie der Wind das Blatt im Sturm
erobert
die Sonne strahlt, der See, er
funkelt
wie ihre Augen in sein Antlitz
strahlen
wie der Pinsel kunterbunte Welten
malt
der Mond leuchtet, im Walde, da
spukt's

Guillotine

Bevor sie fällt mein Weib
ich litt bei dir nie Einsamkeit
das möcht ich dir noch sagen
müh dich nicht mit müden Plagen

du weißt wie stets Bescheid

Bevor sie fällt mein Weib
wir hatten eine schöne Zeit
das wollt ich dir noch sagen
kannst ruhig ne neue Liebe wagen

du weißt wie stets Bescheid

Bevor sie fällt mein Weib
du befreitest mich vom Lebensleid
das musst ich dir noch sagen
du brauchst die Last nicht länger tragen

du weißt wie stets Bescheid

Grauenhaft

Grauenhaft ist ein grauenhaftes
Wort
genau wie Fotze
oder arbeiten
müssen

Aphorismen I

Um die wirkliche Essenz des Lebens zu spüren, musst du leiden. Da führt kein Weg dran vorbei.

Wirklich Wissenswertes lernst du in keiner Schule, keinem Buch und keinem Wikipedia-Artikel.

Manchmal sollte man die Zeit einfach dahinfliegen lassen. Sie wird auch wieder kommen - keine Sorge.

Niemand möchte die Wahrheit erfahren. Die Wahrheit ist schließlich ehrlich und tut meistens weh.

Wenn du vergisst zu erinnern, hat das große Ganze sowieso keinen Zweck mehr.

Ich glaube, ich wäre enttäuscht, wenn Freiheit nur ein Wort wäre - mehr nicht.

Lieben oder Leiden? Ist es eine Entscheidungsfrage oder kann ich auch beides haben?

Ich bin blau. Ich mach blau. Bin ich besoffen oder einfach nur müde?

Ciao

Für die Unbekannte

Ich lechze mit letzter Kraft nach
purpurrotem Blut
den Rest, den mir die verdammten
Aasgeier vom Kuchen übrig ließen
der Zerfall setzte ein
da war ich ein paar Monate alt
nun zerbröckelt der instabile Körper
und das was sich einst Seele nannte
ist zu Staub zerfallen

Ein letzter Blick Richtung Sonne
die das Tal verlässt wie gewohnt
die verpestete Luft
hinterlässt Rauchschwaden
und ich atme tief ein
denke an Sommernächte in Laos
an kalte Motels in Riga
wo der Regen an die Fenster prasselte
und ich vor Kälte dein Gesicht vergaß

Ich denk an dich
den ersten Kuss
das letzte Wort
Ich atme aus - alles vergessen
Es wird tatsächlich Zeit…

Titellos I

Ich lege meine Ungeduld zu Bette
Sie wird sich ausruhen jede Wette
Sie wird gezähmt sein wie ne Katze
Oder wie ein wilder Tiger und mich
Beruhigend zaghaft streicheln
Unser Wohlbefinden pflegen
Nicht vergessen alles braucht seine Ruh
Trag deine Angst zu Bett und
Gib ihr liebevoll n' Kuss
Sie wird nicht schreien höchstens flüstern
Bald ist's vorbei - der Überdruss

Suche nach Worten

Es wurde einst gesagt
Dichter sind Sammler
Wer suchet, der findet
Doch auch Talent ist gefragt

Dichter suchen mit Fleiß
Um durch Zufall zu finden
Jeder Blick ist es wert
Alles Schöne und jene
     Belanglosigkeit

Ich tue dies täglich mit Begierde
Laufe durch Städte und Wälder
Lese Gedichte von Gestern und Heute
Gefundene Wörter verzauber ich
     nur zur Zierde

Ich fühle mich wohl

in der Rolle meiner Existenz
als der schüchterne Klient
der gebrochene Patient
der, den niemand kennt

Ein zeitloser widerspenstiger Poet
Ein Flaneur, der durch die Hölle geht
Ein Geist, der sich oft missversteht
Ein Verrückter, der partout durchdreht

Wie lebt es sich in fremden Köpfen?
Wie lebt es sich als Misanthrop?
Wie lebt es sich gar nie zu leben?
Wie lebt es sich ein ICH zu haben?

Ich fühle mich tatsächlich wohl
in der Rolle, die ich spiele allzu lang
in jedem Sinne der großen Freiheit
bereit zu sein meinen Beitrag zu teilen

Herzklopfen und trübe Gedanken
Vertigo - ein betäubtes Wanken
Angstzustände an Ecken und Kanten
Und trotz alledem möcht ich dir danken

Ich fühle mich wohl

Warten

Und während ich warte
vergeht nicht nur
die imaginäre Zeit
es vergeht das flüchtige Leben
während ich warte
erdrückt mich das Nichtstun
und doch bleib ich verschont
von jeglichen Schwulitäten
während ich warte
beginnt im Osten schon
ein neuer Krieg und
währenddessen läuft nebenan
im Wohnzimmer ein Mangaporno
es vergehen Minuten und
ich schaue mich um
es passiert rein gar nichts
nimmt alles seinen Lauf
während ich warte
bergen Rettungskräfte die Verletzten
vom gescheiterten Aufstand und
die Soldaten stehen daneben
rauchen Zigarillo und
halten ein Pläuschchen
und ich warte immer noch und
frage mich was dieses Dasein birgt
es kommt mir vor wie ein Kreisel
ich laufe in diesem Kreis
ich schlafe, ich esse und

warte bis etwas passiert und
wenn dann nichts geschieht
warte ich darauf zu schlafen
vielleicht belüg ich mich auch selbst
warte schlichtweg zu sterben
es zieht sich wahrhaftig lang
worauf warte ich denn noch?

Aphorismen II

Jeder Aphorismus entspringt aus einem Gedanken der eine Mischung aus Weisheit, Kritik, Urteil und Unbeholfenheit mit sich bringt. Manchmal ist es auch einfach eine Frage der Unsicherheit und des Nichtwissens.

Wenn ich in Agonie versinke hilft es meistens sich einfach fallen zu lassen, anstatt dagegen anzukämpfen.

Angelogen zu werden fühlt sich schrecklich an, aber stell dir vor man würde dir die Wahrheit sagen.

Ich habe gehört, dass eine Zigarette dir 10 Minuten Lebenszeit raubt. Ich bin eindeutig zu faul, um herauszufinden wie viel ich rauchen müsste um den Prozess ein wenig zu beschleunigen.

Umso häufiger du etwas wiederholst, umso ermüdender wird es. Beispielsweise Sex: Rein, raus, rein raus. Als wäre es eine Zwangsstörung des Menschen.

Blau zu Grün

Für Johanna

Letzte Nacht war ich betrunken
nicht mehr Herr meiner Sinne
ich werd' dies Mädchen nicht vergessen
in meinem Kopf singt ihre Stimme
wir schmissen Gläser zu Boden
es wurd' gegrölt und getanzt
Ich will leben auch mal nüchtern also
Trau dich raus - selbst wenn du denkst, dass
du nicht kannst

Zweifel

Sie schrieb verborgen oft Gedichte
Geheimnisse sind wunderbar
Doch zu schroff mit sich ins Gerichte
Obgleich sie liebte was sie sah

Mais je ne suis qu'un plaisantin

Verzeih mir guter Mann
es scheint
du hast mich missverstanden
mit deiner Annahme
ich sei besonders rigoros
mit meinem Tun
Ich bin kein Philosoph
was ich weiß tut nichts zur Sache
Meine Weisheit halte ich
egozentrisch umklammernd
warum sollte ich auch teilen
Verzeihung guter Mann
so langsam reicht es mir
mit wilden Anschuldigungen
Ich bin kein Dichter
kein Poet der neuen Zeit
jene Wahrheit in den Schriften
jedes Gefühl in meinen Gedichten
alle Wörter die mich verzaubern
es ist alles nur ein Spiel
Verzeih mir du Halunke
es ist genug mit meiner Geduld
Ich bin kein Denker
kein Gelehrter und kein Gott
Ich bin ein Mensch
Ich bin ein Nichts
Ich bin ein Narr
Je ne suis qu'un plaisantin

Budd Dwyer

Wie verlief wohl die Nacht
Vor der Pressekonferenz
Mit welchen Gedanken
Plagt man sich durch die
Letzte Nacht

Und der letzte Morgen
Ein letztes Frühstück
Putzt man sich die Zähne
Ein Blick in den Spiegel
Ich gehe als Mann

Die Meute ist versammelt
Gespanntes Warten auf
Rechtschaffende Worte
Es drohen 50 Jahre Haft
Er wirkt kühl und gelassen

Es folgt der Briefumschlag
Die geladene Magnum
Der letzte Atemzug
Abzug
...

Klarsicht

der Regen prasselt heftig
gegen klare Fenster und
tropft hinab zu Boden
das Mädchen weint
ohne zu wissen, dass
die Tränen fließen
sie schaut hinauf
zu den Wolken
wie sie weinen
sie weinen
zu zweit
Allein

Allein
heute
zaghaft
die Arme
die Hoffnung
salzig einsam
und niemals hinab
will ich fliegen mit dir
sieht das denn niemand
doch sie fühlen zu wenig
vergessen wir wer wir sind
sind wir uns oft derartig fremd

Smalltalk

Alles fit im Schritt
                     fragte er
und zündete sich eine Zigarette an
Ja sicher
        sagte ich ihm
                  muss
und zündete mir ebenfalls eine an

Manchmal
         da kann ich's einfach nicht greifen
Das palavern über Nichtigkeiten
         Lass mich doch einfach
             in Ruhe

Es gibt zu viele Fragen

ist die Lüge
schlicht eine Anomalie
der Wahrheit
?

Fetischisten sind auch Menschen

Babe
Ich seh dein schickes Dekolleté
deine Brüste sind wirklich einmalig
Babe
Ich seh dein knackig süßen Hintern
sieht reizend aus, ja wirklich
Babe
Ich seh deine bezaubernden Beine
sie sind so lang, wie entzückend
Babe
Ich seh deine vollen Lippen
sie schreien förmlich nach nem Kuss
Babe
Ich seh deine unglaublich schönen Augen
sie ziehen mich in einen Bann, oh man
Babe
Ich seh deine geröteten Wangen
sie stehen dir gut, deinem Gesicht
Babe
Ich seh deine Haare à la Rapunzel
und diese Farben sind so weich
Babe
Ich seh dich, im Ernst
du löst in mir wilde Begierde
Babe
Du bist ein Traum von einer Frau
nur tu mir doch bitte einen Gefallen
Babe

Zeig mir deine atemberaubenden Füße
ich will sie sehen
Babe
Ich will sie riechen und spüren
ich will sie schmecken und fühlen
Babe
Ich seh deine märchenhaften Füße
Sag!
Willst du mich heiraten?

Denise

Für Denise

Ich werde verrückt, dabei dich zu erhaschen
mir bewusst zu werden, ich bin hilflos
kann dich nicht retten, nur lieben
den Absprung schaffst du nur allein
doch ich bin da für dich
wann immer du mich brauchst
wann immer du am Abgrund stehst
ich bin da wenn du dich traust
ich streich dir durch dein goldenes Haar
vergesse wer ich bin und einmal war
du machst mich verrückt mit deinem Sein
ich könnte dein sein und du mein
doch bin ich es wert, geteilt zu werden
oder bin ich verdammt, allein zu sterben
ich würde so gern ein Teil von dir sein
ein Teil von dir, jetzt sofort hier - ein Wir
Denise - ich brauche dich in meinem Leben
ich würde wirklich alles für dich geben
für uns und was die Zukunft bringt
wie rosarot dies alles klingt
und will ich neben dir erwachen
und nur dich erblicken
ich bin verliebt, was soll ich machen
drum muss ich dir ein Zeichen schicken

~~Kälteschauer~~

Unbehagen, wenn du den Raum
betrittst
Ich friere
Ungestüm und unbefangen sprichst
du mich an
Ich friere

Wie kann ein Mensch
dermaßen kalt sein?
Wer hat dir weh getan und
dein warmes Herz in Eis verwandelt?

Unwohlsein, du kommst mir näher
denn je
Ich friere
Unbeholfener Blick, deine Lippen
berühren die meinen
Ich friere

Animus

Deformiert, so fragil
Und noch Jahrzehnte steh'n bevor

Voller Schmerz und Verzweiflung
Wie viel kannst du noch vertragen

Ich bräucht' ein Gips für deine Wunden
Nur ist dies leider nicht möglich

Und die Pillen tun ihr bestmögliches
Sorgen für vergessen und verdrängen

Halt noch ein wenig durch
Bis du in Ruh ruhen kannst

Titellos II

wie frivol und unbeschwert
am seidenen faden hängend
es wird gut, was lange währt
sich aus den fesseln sprengend
mit tränenden augen das ziel
so nah, so fern, o weh
ertrinkt, verträgt so viel
lang reisend steinige wege geh'

Leitfaden (Ein Leitfaden für's Leben)

Es gibt keine Regeln
Kein Richtig, kein Falsch
Kein Gesetz und kein Kodex
Du begreifst es schon bald

Kein Suchen, kein Finden
Keine Flucht, kein Verschwinden
Jeder gehe den Weg den er mag
Es endet dunkel im Sarg (oder Urne)
Und kein Ende ist nah
Der Anfang ist gewiss
Wenn in der Zeit stünde ein Riss
Am Ende begreifst du ganz klar

Es ist und war WAHR

Schlangengrube

Ganz tief unten da fühl ich mich
quicklebendig munter wohl
wenn Stimmen unerträglich werden
hilft meistens nur das Ethanol
es ist erdrückend stickig
es ist heiß - ich krieg kaum Luft
denk an Abendbrot, Champagnerkorken
an deine Flüche und dein Duft
und hier unten mit den Schlangen
find ich Asyl, fühl mich geborgen
in Dankbarkeit und Trübsal blasen
vergess ich mich und alle Sorgen

Toxische Differenzen

Welten verschwimmen   ohne dich
3 kleine Worte   mit großer
              Bedeutung

Welten verstummen   ohne dich
3 große Worte   mit k(l)einer
              Bedeutung

Der Untergang   der Welt
Alles was   je zählt
Hältst du in   deiner Hand
Ich schaue zu   wie gebannt
Die Macht dir   sehr gefällt
Du Bösewicht?   du Held?
Bist zu oft nur   weggerannt
Hast du dich   je gekannt?

Entscheidungen   du hast die Wahl
Ewigkeit   Liebe
Anerkennung   Liebe
Machtgehabe   Liebe
Was eine Farce   du hast die Qual

Denk an die   Worte
3 unbedeutende   Worte
12 belanglose   Buchstaben
12 belanglose   Buchstaben

Es verändert sich   von Zeit zu Zeit
Ich bin bereit   bist du bereit
Sprich es aus   ganz laut
Wir sagen es gemeinsam   ganz laut

Ich liebe dich   Ich hasse dich

Routine (MEHR)

Täglich brauche ich mehr als

10 Stunden Schlaf
Einen halben Liter Tee
1000 kcal Nahrung
20,30 Zigaretten
40 Tropfen Iberogast
Ein ordentliches Kommen
50 Seiten guter Lesestoff
2,3 Bierchen auf der Couch
Mehr fällt mir gerade nicht ein
Mehr brauche ich täglich nicht

Kreaturen

Die Kreaturen folgen mir
auf Schritt und Tritt
und meine Maske bröckelt

Die Kreaturen geben keine Ruhe
sie trachten nach Chaos
nach Zerstörung und Krieg

Die Kreaturen existieren ewig
keine Macht ist ihnen gewachsen
also geb' ich mich geschlagen

думаю о тебе

Ich denke an dich

лелая ночь

Weiße Nacht

город одинок

Die Stadt ist einsam

я метчал о тебе

Ich habe von dir geträumt

крыши защишают меня

Die Dächer beschützen mich

почему ты нездесь

Warum bist du nicht hier

живу и таю

Ich lebe und schmelze

иди со мной

Komm mit mir

Aphorismen III

Was für andere die Kirche ist, ist für mich
die Bibliothek - ein Ort der Stille, ein Ort
der Akzeptanz und des inneren Friedens.
Es gibt eindeutig zu wenig Orte von dieser
Sorte.

Da ist eine Stille tief in mir drin, die so laut
schreit - es ist unerträglich.

Als wir noch Träume hatten, war das Leben
eigentlich ganz erträglich.

Jeder winzig kleine Schimmer unserer
Hoffnung wird uns verlassen, wenn wir
glauben zu erkennen wer wir sind und
realisieren, dass wir es nicht sind.

Bausparvertrag. Finanzierungsplan.
Bewerbungsverfahren. Gott. Verdammt
nochmal, holt mich hier raus...

Wie viel kann ein Mensch vertragen?

In einem Bruchteil einer Sekunde,
verändert sich alles. Alles.

www.youp... ups vertippt. Wie versaut und
abgestumpft kann der Mensch nur sein?

Es folgt eine leere Seite. Schreib doch mal etwas wirklich Erwähnenswertes hinein oder hast du gar nichts zu sagen?

Kaum exaltiert

als ich den Hass verspürte
die Missgunst unserer Zeit
konnte ich es tief in mir spüren
mein Herz weinte schwarze Tränen
als ich sie sah mit hasserfülltem Blicke
die Wut in ihren Augen da wurd mir bang
ich weinte Blut so rot wie wildes Feuer
und ich wusste ganz genau
es ist noch lange
nicht vorbei

Geisterfahrer

Heute so spüre ich heimlich
tief in mir ein wirklich großes
Verlangen nach Veränderung
Heute da werde ich querstellen
mich wehren gegen die Regeln
die Funktionalität aller Ordnung
Heute werde ich entgegen steuern
abbiegen, die Richtung wechseln
Linksverkehr ist nun Rechtsverkehr
Heute so spüre ich flüchtig schleichend
ein Gefühl des Abkommens, des Abschieds
geblendet von Licht, taub von grausamen
Schreien

Was wollen Sie mir sagen?

Wolkige düstere Aussichten
die im Nebel verschwinden
und Kindesträume verschlingen
denn die geistige Ode erwacht

Wir wagen auf Ehr zu verzichten
gewiss wird unser Karma uns finden
unsere Lobeshymnen vorsingen
da der Anstand gehässig lacht

Pause

Einen Moment Ruhe genießen
bevor es donnert und blitzt
der Vorhang öffnet sich magisch
die Ohnmacht überfällt die Menge

Wenn wir in Ruhe ließen
wer sich stumm schwitzend ritzt
würde aufhorchen und tragisch
bemerken es fällt mit der Strenge

Ende

Der apathische Angler

Es beeindruckte mich jeden Tag
wie er einsam einfach dasaß
in den Horizont blickte
und in seinem Gesicht eine Leere
morgens um 6 am Hafen
mit seiner Angel in der Hand
und abends bei Feierabend
saß er noch immer regungslos da
neben ihm ein Korb voller Fische
die regungslos mit toten Augen
ins Nichts sahen und abkühlten
auch am nächsten Tag um kurz nach 6
saß der alte Angler erneut
einsam mit starrem Blick
an seinem gewohnten Platz
und ich fragte mich ob er
je weg war oder saß er
wieder oder noch dort
Tag für Tag was für ein Leben
und trotz der Apathie sah es aus
als sei er glücklich im Moment
ein Hauch von Dankbarkeit
in seinem Gesicht und es färbt ab
ich sehe ihn und lache in mich hinein
der alte apathische Angler
das Glück liegt in der Ferne
und am Horizont die Sehnsucht fließend
im Meer gebadet voll Kostbarkeit

die Wahrnehmung die trügerische
gefährlicher als man denkt und
ich bin froh ich bin erleichtert
den Mann dort sitzen zu sehen
Tag ein, Tag aus – ein Leben lang

Unwillkürliche Zeiten

Als ich mein Spiegelbild besah
musste ich lauthals lachen
schnitt mir quer übers Gesicht
es wird Zeit mal aufzuwachen

Als mein Nachbar schrie
ich sei erneut viel zu laut
steckte mein Messer im Bauch
so schnell hat man's sich verbaut

Als mein Arzt mir sagte
ich hätte Krebs und sei bald tot
holte ich tief Luft und im Affekt
erwürgte ich ihn mit dem Stethoskop

Als meine Mutter meine Gedichte las
da beging ich Suizid
es war nicht länger aushaltbar zu wissen
sie hat mich wirklich nie geliebt

Kinderaugen

die dich flüchtig
dennoch intensiv
mit großen Kulleraugen
durchdringen
und rasch vergessen
in ihrer kleinen Welt
lebt es sich vergänglich
nur ein kurzer Moment
mit riesiger Neugierde
aber es wartet schon
der nächste aufregende
intensive Kontakt
der lohnende Blick
aus ihren Kinderaugen

Eisige Kälte

In unseren Blicken
fürcht ich spiegelt die Kälte

Zähne durchbohren die Lippen
abends fröstelnd im Zelte

Ende November so sagt man
überschneidet der Herbst den Winter

Orangenschalen, der Kamin an
bis um 4 hört man tobende Kinder

Draußen, der Januar naht
die eisige Kälte erwärmt

Nicht nur der Winter ist hart
hab's schon als Kinde gelernt

In unseren Blicken
die eisige Kälte

Eisige Kälte
in unseren Blicken

Eskapismus ist ein Muss

ich laufe schlaflos die Straßen entlang
blendende Lichter trüben meine Sinne
Hank verfiel dem Alkohol und hielt es aus
ich vertraue auf meine innere Stimme
auf törichten, schmerzbefreienden Gesang
doch so ganz trau ich mich nicht raus

Mahler litt an Hämorrhoiden
an irgendetwas muss man halt leiden
was wäre es für ein grausames Dasein
der Tod muss sich machtvoll stets zeigen
und suchen wir häufig den inneren Frieden
hilft nur die Fürsorge selbst, wir sind allein

die arme *Emily* blieb oft einsam zuhause
tragisch wie viele schöne Frauen das tun
wenn Depressionen und Agonie siegen
was tut man nicht alles für ewigen Ruhm
vergessen doch oft, du brauchst eine Pause
ich versteh schon - Kunst ist wie fliegen

die Kunst erhebt sich vor einem gewaltig
in einem safrangelb schimmernden Licht
Gott war nie lebendig, so scheint es gar
und es fließen die Worte zu einem Gedicht
wie eine innige Umarmung sehr wahrhaftig
sie war immer da, nicht sichtbar, aber nah

nun stehe ich hier mitten auf dem Wege
rauche eine Zigarette um zu vergessen
um mich zum Teil auch an dich zu erinnern
du verlangst ziemlich viel, bin wie besessen
du raubst mir Kraft, machst mich träge
ich bleibe rastlos umzingelt von Gewinnern

der talentierte *Heym* starb jung, viel zu jung
zu viele gehen verfrüht mit Talent
hör auf nur drauf zu warten und beginne
was man auch für Wegweiser nennt
fehlen tut dir oftmals nur der Mumm
und wie ich sagte vertraue deiner Stimme

Angst

Es wird Zeit die Fackeln zu entzünden
eine neue Ära zu ergründen

die Fesseln fallen zu Boden in den Dreck
und alle Sorgen um ein Morgen sind weg

die diffusen Träume von Sicherheit
eine tiefe Ruhe macht sich breit

zu gegeben Zeiten die richtige Tat
und Stimmen die flehen nach Rat

die Dämonen verschwinden in Dunkelheit
das Ziel scheint längst nicht mehr weit

ein närrisches Lachen in das Spiegelbild
am Ende hab ich dich doch noch gekillt

zu lange geschluckt dein trübes Geschwätz
nun zappelst du panisch unter dem Netz

kein Erbarmen und weiß Gott keine Gnade
mein letztes Wort sei gesagt
                          mit dieser Ballade

A little cat in this big world

Für Hannah

Sie wirkt verloren und verstoßen
Sie irrt umher, ihr Atem schwer
Orientierungslos und bald kein Kind mehr
Verloren und verstoßen

Ganz in Schwarz und unscheinbar
Dabei sind ihre Haare blau
Dies Leben scheint so kalt und rau
Schwarz und unscheinbar

Es fehlt der Sinn und jede Bedeutung
Alleine sein und keiner versteht
Wie ihre kleine Welt sich dreht
Sinn und Bedeutung

Wenn es stimmt, Zeit heilt Wunden
Wenn mit der Zeit wird alles gut
Wenn in ihr ruht der große Mut
Zeit heilt Wunden

Dachziegel

Diese einzigartige Welt plagen
Naturgewalten
Tornados, Überschwemmungen und
Erdbeben

Im kleinen Kämmerlein Menschen, die ihre
Hände falten
Für Gnade und Sicherheit, ein langes
schönes Leben

Ich wünsche mir einen Dachziegel
Der mich erschlägt, als wäre ich ein Geist

Ich bin zu müde und einfach zu sensibel
Zeig mir warum die Hölle, Hölle heißt

Eine Welt voll Tod, Hass und
Unbarmherzigkeit
Voll Sorgen, Zweifeln, Misstrauen und
Schwindel

Verdammt dazu in 4 Wänden hausen
eingesperrt in Einsamkeit
Darum fliehen wir in die Nacht zusammen
als Gesindel

Ich wünsche mir einen Dachziegel
Der mich erschlägt, als wäre ich ein Narr

Ich bin zu müde und einfach zu sensibel
Hab vergessen wer ich bin und einst war

Wir könnten uns erheben und allem
widerstreben
auf die Barrikaden gehen und dort
verweilen
die dort oben mal aufmischen, die könnten
was erleben
und wir könnten zur Ruhe kommen und
uns ein wenig heilen

Ich wünsche mir einen Dachziegel
Der mich erschlägt, als wäre ich Luft

Ich bin zu müde und einfach zu sensibel
Einmal schnuppern des Freiheitsduft

Ein falsches Spiel

Musternd lachtest du mich an
                                                  gestohlen
Und später musst ich dir dein Arsch
                                                      versohlen
Mir war's nicht ganz recht
Für dich war es wahrlich echt

Während wir also taten, was wir so taten
Wurde hitzig gezockt, draußen im Garten

Der Maulwurf aus'm Loch
die Ratte aus der Stadt
hatten dringend was zu klären
doch es ging nicht ganz glatt
Es wurde geknobelt
die Würfel flogen durch die Luft
der Maulwurf war am Zuge
doch die Ratte war ein Schuft
Und wir - wir beide lagen auf dem Bett
ich log sie an, Frau - du wirst ja ganz fett
streiten konnten wir schließlich am besten
uns zur Weißglut treiben und testen
Und wie ging es draußen nun weiter
die Ratte belog den Maulwurf ganz heiter
des Maulwurf's Blindheit war sein Pech
                                                  und sein Ende
der notorische Lügner gewann
                                              Ende Gelände

Mein hinterlistiger Anker

Fest umklammert
halte ich diese 1x1 cm Notlösung
in meiner Hand
eine Sicherheit
die mir kein Mensch, kein Ort
jemals geben könnte
angefertigt in Fabriken
pharmazeutische Glücksgefühle
nur für mich
nur ein Milligramm
der meine Welt ins Gleichgewicht
bringt, mich loslöst
wie kann das sein
komische Namen
komische Substanzen
die komischen Gefühle
auslöschen
Wahnsinn

Überdruss

Für Sui

Worüber schreiben
Wenn dir die Themen fehlen
Wenn dich alles erdrückt
Und du kaum aufatmen kannst
Erschütternde Weltnachrichten
Familiäre Streitigkeiten
Freunde in Krisensituationen
Dabei stehst du selbst am Abgrund
Durch Glück ein Therapieplatz
Doch zu müde um zu reden
Nervenzerreißende Zahnschmerzen
Das Amt überweist kein Geld
Ein Mangel an Nährstoffen
Eine Mangel an Nähe
Liebe und Zuneigung
Ist es lebenswert in Einsamkeit
Ich distanziere mich von jedem
Eine überwältigende Leere im Kopf
Und ich hab's satt allein zu sein
Stress ist gar kein Ausdruck
Ein Ausschlag am Unterbauch
Ein nervender Juckreiz
Die Haare werden grau und schuppig
Die Haut errötet trocken leidend
Hastige Schritte durch Menschenmengen
Blicke die ich nicht erahnen kann
Zwanghaft schaue ich sie mir an

Obgleich ich allesamt meiden möchte
Jeder Schritt schmerzt und ich laufe weiter
Ich kann das Älterwerden spüren
Kann fühlen wie ich den Halt verliere
Meine Großeltern sterben mit über 90
Jahre die dahinfliegen, ich stagniere
Der tägliche Fraß ist eine Qual
2 Liter Wasser um zu überleben
Was ist das für ein Leben
Und doch kann ich nicht aufhören
Zu schreiben, zu vermeiden
Ich werde abgelenkt zu oft
Stimmen, Benachrichtigungstöne,
Fuuuuck es reicht mit allem
Dem Überdruss

Du

manchmal sehe ich dich an
und denke ich könnte sterben
wenn ich nur wüsste wann
und was könnte aus uns werden
manchmal sehe ich zu dir
und kann es kaum fassen
wir sind ein Ich & Du - ein Wir
wie könnte ich dich je verlassen
manchmal sehe ich nur dich
die Welt schwindet dahin
nur kurz vergesse ich mich
ich weiß nicht wohin
ohne dich, ohne dich
wäre ich nichts
allein
dein

Ich & meine Sinne

Ich sitze im nikotinverseuchten Zimmer
der Atem schwer, die Nase zu
und lasse mich berieseln
von Bildern auf dem Monitor
die meinen Geist lähmen und quälen
ich bin vollkommen leer und
meine Gedankenwelt ist stumm
fühle mich weder tot noch lebendig
und doch sehe ich hin wie gefesselt
bis ich einfach nicht mehr kann
flüchte hinaus, weg von Zivilisation
betrete die Natur und schnaufe auf
und kaum bin ich im Walde
erwachen meine Sinne
mein wahres Ich erwacht
die Poren meiner vollkommenden Gestalt
erweitern sich, atmen und fühlen
ich bin da, angekommen - Heimat
sehe grüne, braune bunte Farben
die Blätter fallen abrupt zu Boden
und an den Bäumen verfolgen mich
die verschiedensten Augen und Polöcher
ich rieche das Leben, die Freiheit, die Luft
sie rufen nach mir, ich kann sie deutlich
hören, verzweifelt, so lange war ich fort
Daddy ist zurück meine Freunde
ich hab euch vermisst

Der einsame Flaneur

Es kommen Zeiten, dunkle Zeiten
da ist die Kunst mir nicht geheuer
sie besucht mich nur noch sporadisch
in meinem Inneren äußerst fragilen
Gemäuer
aus Akzeptanz und Nächstenliebe
schenke ich ihr den Freiraum nach dem sie
sich sehnt
doch voller Neid und Missachtung
verfluche ich sie
wie sie herumhurt und an welche
Widerlichkeiten sie sich lehnt
es liegen eklatante Welten zwischen Liebe
und Hingebung
und ich fürchte nur einer von uns ist
beschämt
ich ziehe mich zurück in die Wälder aus
gegebenem Anlass
zwischen Fauna und Flora, doch noch
immer vergrämt
mit gesenktem Blicke streife ich umher
es will mir nichts in den Kopf gehen

Aphorismen IV

Wenn das Anti-Schimmelspray äußerlich zu schimmeln beginnt, mag ich nicht zu bezweifeln, dass der Wahnsinn näher denn je scheint.

Ich bin nicht die Inkarnation von Gott oder Teufel - nicht der allen Wissens, aber der eines Spektrums, welches in ihrer Art keine Substanz beinhaltet.

Aus bloßen Gedanken, deren Substanzen nicht zu fassen sind, ist aller Ursprung gegenwärtig der Wahnsinn.

Leicht benebelt und dämmernd auf dem Schlafgemach liegend, träume ich davon Mitglied im Club der toten Dichter zu sein und verdränge es rasch - ich würde sie allesamt toppen.

Durstig nach Abstraktionen wache ich auf, spüre ein lästiges Kratzen im Hals und rieche bedrohlich: Es ist schon wieder Montag.

Haiku

/

Ein schwarzer Schatten
schleicht langsam in unser Land
es naht der Winter

//

Ein eisiger Wind
Blätter tanzen in der Luft
es ist bald vorbei

///

Vogelgezwitscher
lausche dieser Melodie
ich muss nun gehen

Kurz Zigaretten holen

Ich bin mal eben weg
kurz Zigaretten holen
sagte die Mutter zum Sohn
und knallte die Tür zu
der verträumte Sohnemann
machte sich ein Sandwich
mit Eiern und Speck
und reichlich Mayonnaise
setzte sich zu Tisch
die Flimmerkiste leuchtete
grell in vielen bunten Farben
faszinierend in voller Pracht
und er saß da und wartete
wo die Mutter wohl blieb
es brach schon Dunkelheit ein
und er gab auf, ging ins Bett
wagte zu zweifeln, stumm allein
      Mutter?
nein, die kommt nicht mehr heim

Das Armband

Für Esmi 2019

von Jan 2019

Ich fragte mich voll Überdruss
was mir lieb ist und an Wert
und dachte an Konsum voll Ekel
es kam mir jenes in den Sinn
was Nutzen hat und es war nichtig
etwas Nostalgie, Vergangenheit
trügerische Fotos von guten Tagen
ich dachte an Geschenke nach denen
man sich nie gesehnt hatte
zum Schluss wusste ich nur eines
die Liebe und das Nichthaben
war der größtmögliche Besitz
ich dachte also an dich voll Sehnsucht
entsperrte mein Schließfach und
holte ein mit Holz verziertes
Armband heraus: J&E
Materialwert vielleicht 2€
und doch mein wertvollster Besitz
es riecht noch nach dir
wenn ich fantasiere und
deinen Duft aus meinem Hirn krame
das Armband, das mein Herz zerbricht

Moos

in den Tannenwäldern
will ich bleiben, verweilen
mich unter ihren schützenden
Kleidern hingeben
und mir ein Nest bauen
nur für mich allein
warm gestandene Erde kehren
ein paar Stöcker und Zweige
Laub als unterste Schicht
Blätter getrocknet und feuchte
darüber Dornen für den Schmerz
dann entnehme ich das Grüne
das geliebte Moos, das mich erwärmt
vom Boden, von Bäumen, nur ein wenig
ich bin kein Dieb, nur ein Gast
ich lege mich flach und horche
den Stimmen und Gesängen des Waldes
die müden Augen fallen zu
Sicherheit macht sich breit
das Moos ist kuschelig zärtlich
gute Nacht allerseits

Badezimmerromantik

Ich sitze auf den Fliesen im Badezimmer
auf dem Boden in der Psychiatrie
und stelle mich der Tatsache
dass mir einfach nicht zu helfen ist
meine Ambivalenz schwebt in der Luft
ich sehne mich nach Nähe und Zärtlichkeit
nach geliebt werden - nach einem Wir
Panikzustände nehmen mir das Schöne
der dunkle Abgrund schreit nach mir
ich komme ja schon, beruhige dich
genau auf diesen Fliesen spüre ich etwas
was ich kaum beschreiben mag
ein Gefühl der Sicherheit, der Akzeptanz
ich bin dort, wo ich hingehöre
für eine gewisse Zeit
es ist beinahe gemütlich
hier in diesem Zimmer
und ich denke an dich
mein Gott - bin ich verliebt
in diese Frau, die sagt
sie wär's nicht wert
geliebt zu werden, zu sein wie sie ist
ich würde so gerne mit ihr
zusammen sein
mit ihr zusammen lachen
weinen, witzeln, schreien
mit ihr am Abgrund sitzen, Hand in Hand
die Füße baumeln in der Dunkelheit

ins Nichts, in einen Abgrund, so finster
und ich würde so gerne mit ihr leben
und lieben, mit ihr die Welt entdecken
es gibt so furchtbar viel Schönes
ich würde so gerne mit ihr
auf den Fliesen sitzen
irgendwelchen Fliesen
nicht unbedingt die
in der Psychiatrie

Höllentrip

Und wenn es zu Ende geht,
verfallen wir in Träumereien,
geben uns voller Sehnsucht hin,
in Hoffnung, dass es schnell geht.
Aus Mutterleibs Schoße in diese
gottverdammte große Welt.
Atmen, Arbeiten, Scheiße fressen,
Scheiße ausscheiden, Schlafen,
Warten, Träumen, Lieben,
Protestieren, Pissen, Kämpfen
und Verlieren, um schlussendlich
ein paar Meter tief unter der Erde
zwischen Dreck und Insekten
zu verrotten.
Was für ne Tour.
Eine Reise mit mehr Tiefen als Höhen.
Ansichtssache.
Und doch war's das wert,
auskosten und aushalten
bis zum Schluss.
Auch wenn der Gedanke an Suizid
ein ständiger Begleiter war,
ein Trostpflaster, ein Plan B
der zerrütteten leidenden Seele.
So war es doch ein großer Erfolg.
Ganz großes Kino.

Nachwort

Worüber möchte ich schreiben?
Sind es jene Belanglosigkeiten, die es wert
sind niedergeschrieben zu werden?
Die alltäglichen Lappalien, Streitereien und
Meinungsverschiedenheiten?
Oder gibt es vielleicht mehr - mehr Gründe,
mehr Themen die erfasst und behandelt
werden müssen?
Die versteckten tiefen Sehnsüchte, Träume,
Hoffnungen und Begierden von uns
Menschen.
Wie schwer kann das schon sein?
Den Stift in die Hand nehmen, die
Fingerknochen knacken lassen und in die
Tasten hauen - stumpf Kunst kreieren.

Cioran war der Meinung, dass es nichts
Schlimmeres für einen Schriftsteller geben
könnte, als verstanden zu werden und dem
stimme ich eindeutig zu.
Die Kunst, das Werk eines Künstlers in
welcher Form auch immer, der möchte ich
mich hingebungsvoll widmen, möchte ich
inhalieren und genießen und auf meine Art
und Weise verstehen und deuten.
In einem einzelnen Satz, einem einzelnen
Wort können zig Varianten der
wahrnehmungsvollen Wahrheit entstehen.

Ich benötige keine Erklärung, wie es wohl gemeint war, was es zu bedeuten hat oder gar welche Wahrheit es umgibt. Diese beinahe Rechtfertigung brauche ich von keinem Schriftsteller, keinem Dichter, keinem Künstler und vor allem nicht von (k)einem Expertenanalytiker. Wo bleibt der Freigeist in uns, der der sich seinen Teil dazu denkt und sich das schöpft, was er benötigt.

Ein Gedicht von *Dickinson*:

Never did she lisp it
It was not for me
She was mute from transport
I from agony

Nie ein Sterbenswörtchen
Nichts bekam ich ab
Stumm war ihr Entzücken
Meine Todesangst

Was liest du, was fühlst du, was sticht dir ins Auge und was löst es in dir aus?
Ich brauche keine Interpretation oder Erklärungen von diesen schönen Worten, nicht von *Emily* und nicht von irgendeinem Typen, der die Bedeutung der Wörter missversteht oder mir gar reinstopfen

möchte. Sei dir selbst eine Achtung und vertraue auf das, was du bekommst, was du mitnimmst und was du für dich selbst, ganz allein, erkennst.